AF220201

Willkommen im Metaverse

Wie Sie das Metaversum leicht verstehen und gezielt für sich nutzen - inkl. digital Geld verdienen, Kryptowährungen, NFTs & Augmented Reality

Paul Tashew

INHALT

Das erwartet Sie in diesem Buch

Das Metaverse ist im Kommen und wird als die Zukunft beworben, doch was ist das Metaverse? Was kann man damit machen? Und wozu brauchen wir das Metaverse?

Diese Fragen werden in diesem Buch beantwortet, sodass Sie bald wissen, was das Metaverse ist und wie Sie es für sich selbst nutzen können.

Sie erfahren etwas über die Geschichte des Metaverse und woher es so plötzlich kommt und was es damit auf sich hat. Wir werden auch etwas tiefer gehen und uns die Technologien anschauen, welche für ein funktionierendes Metaverse nötig sind, und wie Sie ein Teil von der Entwicklung des Metaverse werden können.

Das Metaverse

DIE GESCHICHTE DES METAVERSE

Wie viele technologische Fortschritte, welche die Menschheit erreicht hat, hat auch das Metaverse seinen Beginn in der Science-Fiction, um genau zu sein in dem Roman „Snow Crash" von Neal Stephenson. Dort beschreibt er das Metaverse –genauso wie der Technologie-Gigant Facebook (heute Meta) – als einen Nachfolger des Internets, in welchem man in einer 3-dimensionalen Umgebung mit Online-Avataren von realen Menschen interagieren kann.

2003 wurde Second Life erschaffen, eine virtuelle Welt, in der Menschen miteinander durch Avatare interagieren können, so können diese zum Beispiel handeln, spielen und kommunizieren.

Damit ist Second Life ein Beispiel, wie das Metaverse aussehen kann, natürlich würde das Metaverse der „Zukunft" deutlich größer ausfallen und nicht nur ein Programm sein, sondern alles im Internet wäre miteinander verbunden. Mit riesigen Welten, in welchen tausende, wenn nicht sogar Millionen von Menschen in einer Welt unterwegs sind und man einfach so jemanden vom amerikanischen Kontinent treffen kann.

Seit 2020 ist das Metaversum wieder im Hype durch den Verkauf von virtuellem Land, dieses wird in der Form von NFTs bezahlt. Was NFTs sind, klären wir noch später, aber um es vorwegzunehmen, sind NFTs, kurz gesagt, einzigartige digitale Gegenstände mit Geldwert im Internet.

Seit 2021 bestätigen einige Unternehmen, Pläne für ein Metaversum-Projekt zu haben und daran auch zu arbeiten. Dazu gehören unter anderem Epic Games, ein erfolgreiches Softwareunternehmen, welches sich auf die Entwicklung von Computer- und Videospielen spezialisiert hat, und Mark Zuckerberg, welcher angab, sich mit seinem Unternehmen Facebook Inc. auf die Entwicklung eines Metaverse zu konzentrieren, in der zwischen Zeit wurde Facebook Inc. auch in Meta Platforms umbenannt.

Das Metaversum ist womöglich der wichtigste Zukunftstrend in den kommenden Jahren und es bleibt spannend, zuzusehen, wohin sich das Ganze entwickeln wird.

ATTRIBUTE DES METAVERSE

Das Metaverse ist eine persistente Umgebung, das heißt, es wird nie zurückgesetzt, pausiert oder beendet, es bleibt die ganze Zeit über bestehen und ist jederzeit erreichbar, jede Handlung, die vorgenommen wurde, bleibt bestehen.

Zudem ist es live und synchron, somit kann jeder im selben Moment Handlungen beobachten, dies ermöglicht dann zum Beispiel, ein Konzert mit Freunden anzuschauen, ohne dass es zu Verzögerungen kommt, wie es im realen Leben der Fall ist, nur, dass man im Metaverse dafür nicht zu einem bestimmten Ort hinfahren muss.

Im Metaverse ist es einer unbegrenzten Anzahl an Menschen möglich, gleichzeitig online zu sein und an Aktivitäten teilzunehmen, das heißt, man muss nicht warten, weil das Metaverse momentan „voll" ist.

Das Metaversum bietet eine Wirtschaft, welche vergleichbar mit der Wirtschaft des realen Lebens ist, man kann in einen virtuellen Laden gehen und sich Kleidung kaufen oder ein neues Sofa für das eigene virtuelle Zuhause. Zudem kann man im Metaverse arbeiten gehen, um die entsprechende Währung zu verdienen. Da dies meistens über Kryptowährungen funktioniert, kann man diese im realen Leben verkaufen und so dann im realen Leben reale Gegenstände mit dem Geld kaufen, welches man sich im Metaverse erarbeitet hat.

ANWENDUNGSGEBIETE DES METAVERSE

Die meisten Anwendungen des Metaverse werden in Zukunft mit Virtual Reality (VR) oder durch Augmented Reality (AR) benutzt. Bei Virtual Reality setzt man sich eine VR-Brille auf, welche es einem ermöglicht, sich so zu fühlen, als ob man selbst in dieser virtuellen Welt ist, man kann sich dort frei bewegen und interagieren. Ein Beispiel, wo dies jetzt schon möglich ist und was Sie selbst ausprobieren können, ist das Programm „VR Chat", man kann dort mit anderen Menschen interagieren und auch gemeinsam Spiele spielen, dafür wird allerdings eine Virtual-Reality-Brille benötigt.

Zusätzlich wird es aber vermutlich auch möglich sein, das Metaverse ohne Virtual Reality oder Augmented Reality zu betreten, um es für die große breite Masse zugänglicher zu machen, da eine Virtual Reality Brille recht teuer ist und diese auch nicht einfach unterwegs benutzbar ist. Um also einen alltäglichen Zugang zum Metaverse zu schaffen, so wie es momentan mit dem Internet der Fall ist, wird es zwangsläufig auch ohne diese Brillen benutzbar sein.

Das Metaverse wird Aktivitäten und Funktionen anbieten, welche der realen Welt ähnlich sind, man könnte sich dann beispielsweise zum Tennisspielen im Metaverse verabreden und dieser Aktivität dort nachgehen, was sehr attraktiv für Menschen ist, die sich wegen großer Entfernungen nicht einfach persönlich treffen können.

Jeder Benutzer kann seine eigenen virtuellen Umgebungen und Gegenstände problemlos erschaffen. So kann man sich dann sein eigenes Haus im Metaverse bauen oder auch seinen eigenen Freizeitpark, wenn man das möchte. Zudem kann man auch jegliche Art von Gegenstand selbstständig erstellen und sich so seine Welt personalisieren.

Diese erschaffenen Welten oder Gegenstände kann man dann wiederum in der virtuellen Wirtschaft verkaufen, diese ist mit der realen Welt verbunden, dies ermöglicht einem, durch diese virtuellen Gegenstände, Aktien oder NFTs mit dem Metaverse Geld zu verdienen.

VORTEILE DES METAVERSE

Das Metaverse ist aktuell noch sehr futuristisch und bis es wirklich zu dem geworden ist, was sich die aktuellen Technologie-Giganten vorstellen, wird es noch eine lange Zeit dauern, allerdings ist der Aufbau ein fließender Prozess, nach und nach wird immer mehr eingeführt werden, bis es dann schlussendlich „das Metaverse" ist.

Durch die Einführung des Metaverse wird der virtuelle Lebensstandard deutlich steigen und alle Plattformen werden zu einem großen Ganzen zusammengefügt, sodass man dann unter anderem auch nicht mehr bei jeder Webseite einen eigenen Log-in benötigt, man loggt sich dann einfach in das Metaverse ein und von da aus kann man dann auf alles zugreifen, was man benötigt.

Zudem kann durch das Metaverse besser Forschung betrieben werden, da Wissenschaftler von überall auf der Welt relativ unproblematisch und einfach zusammenarbeiten und sich austauschen können. Sie können außerdem Ihre Daten anschaulicher machen, wodurch es intuitiver wird und einfacher wird, damit zu arbeiten, somit kann dann potenziell auch ein Laie hilfreiche Beobachtungen machen, welche die Forschung vorantreiben können.

Auch als ein Medium zum Lernen ist das Metaverse geeignet, man kann viel einfacher Dinge lernen und schon mal üben, ohne sich groß was anschaffen oder Angst haben zu müssen, etwas kaputtzumachen, als ein Beispiel fällt mir dafür ein Automechaniker ein, der dadurch schon mal lernen kann, wo welche Teile sind, und Autos vollständig auseinanderschrauben und wieder zusammenschrauben kann, ohne ein echtes teures Auto dafür zu riskieren.

Das Metaversum kann auch sehr gut für Marketing verwendet werden, so kann man sich dann ein Produkt schon mal im Metaversum anschauen und ausprobieren, bevor man dieses dann in der realen Welt wirklich kauft.

Man kann außerdem auch problemlos an jeden Ort auf der Welt reisen, na ja, zumindest zu einer Simulation dieser Orte; das echte Gefühl, einen Ort zu sehen, wird das Metaversum vermutlich eine lange Zeit noch nicht geben können. Allerdings kann man sich die Orte anschauen und sich in etwa so fühlen, als ob man dort wäre, was wiederum für Menschen gut ist, welche es sich nicht leisten können, überall hinzureisen, wo sie gern hingehen würden.

Natürlich sind das nur einige Vorteile und mit der Zeit werden sich vermutlich noch mehr Vorteile bilden, vielleicht fällt Ihnen persönlich auch ein Vorteil ein, welchen das Metaversum bieten kann.

NACHTEILE VOM METAVERSUM

Wie alles auf der Welt hat natürlich auch das Metaversum eine Schattenseite.

Durch das Metaversum verschwimmen immer mehr die Grenzen zwischen virtueller Welt und realer Welt, was natürlich eine Gefahr sein kann, und man kann schnell den Zug zur Realität verlieren. Wenn es zum Beispiel im realen Leben nicht so gut läuft, aber man im virtuellen Leben dafür ein schönes Leben hat, wird man immer mehr in dieser virtuellen Welt leben wollen und wird sich auch eher weniger um seine realen Probleme kümmern.

Außerdem haben wir bereits mit dem Internet beobachtet, dass die persönliche Interaktion zwischen Menschen deutlich zurückgegangen ist. Man trifft sich lieber im Internet und telefoniert dort oder schreibt sich Nachrichten, anstatt sich zu treffen und zusammen etwas zu unternehmen. Durch das Metaversum wird dies vermutlich noch deutlich zunehmen, man trifft sich lieber in einer virtuellen Welt und trifft sich dort mit seinen Freunden, als sich irgendwo im Park oder Kino zu treffen.

Zudem wird es negative Auswirkungen auf den Körper haben, man wird sich tendenziell weniger bewegen, mal doch lieber was schnelles und eher ungesünderes essen, um schnell wieder ins

Metaverse zu kommen, und den Augen wird es sicherlich auch nicht guttun, ständig über längere Zeit einen Bildschirm direkt davor zu haben.

Alles in allem ist das Metaversum eine tolle Erfindung und wird der Menschheit helfen, sich weiterzuentwickeln, allerdings muss man dafür sorgen, dass das reale Leben nicht darunter leidet und vor allem die Gesundheit trotz allem Vorrang hat.

DAS METAVERSUM UND DIE KRYPTOWÄHRUNG

Jede Wirtschaft benötigt ein Zahlungsmittel, in der Regel ist das die Währung eines Landes, welche man dann benutzen kann, um sich zu kaufen, was man möchte. Ebenso benötigt die Wirtschaft des Metaversums eine allgemein anerkanntes Zahlungsmittel, dabei kommen Kryptowährungen ins Spiel.

Aber was ist eine Kryptowährung? Man hört ja immer nur, dass man darin entweder investieren soll, weil der Wert von den Kryptowährungen meist rapide steigt (oder auch gern mal genauso schnell wieder sinkt) oder dass Kriminelle damit bezahlen. Im Prinzip ist eine Kryptowährung digitales Geld, genauso wie Ihr Geld auf Ihrem Bankkonto, nur, dass Sie die Kryptowährung nicht einfach auszahlen lassen können wie Ihr Geld auf dem Bankkonto, diese müssten Sie erst verkaufen und dann können Sie sich das Geld auszahlen lassen. Online bezahlen funktioniert, aber problemlos, jedoch nehmen aktuell noch nicht allzu viele Anbieter Kryptowährung an, was sich vermutlich aber im Laufe der Zeit noch ändern wird.

Die bekannteste Kryptowährung ist vermutlich der Bitcoin, durch welchen das ganze Thema erstmals an großer Bekanntheit dazu gewonnen hat, was viel mit den starken Gewinnen zu tun hat, die Investoren durch den Bitcoin erwirtschaften konnten. Man konnte zu Beginn einen Bitcoin sehr günstig erwerben, da keiner diesen zunächst haben wollte. Nach aktuellem Stand ist ein Bitcoin mittlerweile um die 35.000 € wert. Jedoch ändert sich der Preis ständig und kann bei Ihnen heute schon völlig anders sein.

Ein weiteres wichtiges Utensil für das Metaversum werden NFTs sein (Non-Fungible Token), diese sind einzigartig, das heißt, es gibt kein NFT zweimal. Ein NFT kann alles Mögliche sein, ein

Kunstobjekt, Sammelkarten, eine virtuelle Hose oder ein virtueller Tisch, die Möglichkeiten sind grenzenlos. Diese Tokens sind insofern wichtig, als man den Besitz eines Objekts erwerben kann und dieses auch einen tatsächlichen Wert besitzen kann, da dieses Objekt genau in diesem Zustand einzigartig ist.

Dies macht die NFTs zu einem essenziellen Bestandteil des Metaversums.

Das Metaversum steht noch ganz am Anfang und wird sich über die Zeit noch in viele Richtungen entwickeln. Es gibt viele verschiedene Ansatzpunkte von vielen Firmen, wie diese digitalen Orte aussehen sollen und welche Rolle diese dann spielen werden.

Meta (Facebook) hat unter anderem Pläne, virtuelle Fitnessgeräte und virtuelle Konferenzräume auf den Markt zu bringen.

Die Virtual Reality wird von Jahr zu Jahr besser und entwickelt sich immer weiter, trotz allem ist dort noch viel zu tun und viel Entwicklungspotenzial vorhanden, welches vermutlich in den kommenden Jahren auch ausgeschöpft wird.

WAS SIND NFTS?

Ein NFT oder auch Non-Fungible Token, ist ein Blockchain-basierter Token, mit welchem Sie nachweisen können, dass Sie der Eigentümer von einem digitalen Gut sind. Dies können digitale Kunstwerke, Musik oder sogar virtuelle Land sein.

NFT steht für nicht fungibles Token, doch was bedeutet das eigentlich? Dies bedeutet, dass es sich um eine völlig einzigartige und nicht austauschbare Dateneinheit handelt, die digital in einem Ledger gespeichert wird, welches Blockchain-Technologie verwendet, um den Eigentumsnachweis zu erbringen.

Diese können gesammelt werden und sind Vermögenswerte mit echtem Geldwert im Prinzip wie ein besonderes Gemälde, welches Sie bei sich zu Hause haben.

Kryptowährungen wie Bitcoin oder Ethereum sind ähnlich zu den NFTs, jedoch gibt es einen entscheidenden Unterschied: Ein einzelner Bitcoin ist nicht einzigartig, genauso wie Ihr 50-Euro-Schein im Geldbeutel (abgesehen von der Seriennummer), davon gibt es noch viele mehr, ein NFT hingegen ist einzigartig, wie zum Beispiel die Mona

Lisa von da Vinci. Deswegen ist der NFT auch keine Währung, weil jeder NFT unterschiedlich ist und nicht gleichwertig ist.

NFTs können auch verwendet werden, um zu sehen, ob ein Dokument oder ein digitales Bild eine Fälschung ist, da das Original ganz einfach durch die NFTs identifiziert werden kann.

SOLLTEN SIE IN DAS METAVERSE INVESTIEREN?

Sie sollten erst einmal ein solches Metaversum selbst besuchen, um dabei eine vernünftige Entscheidung treffen zu können.

Decentraland bietet sich hierzu hervorragend an, da Sie dafür nicht extra eine Virtual-Reality-Brille kaufen müssen, um dort beizutreten, und Sie müssen auch kein MANA (die Kryptowährung, die Decentraland benutzt,) kaufen, um sich das Ganze anzuschauen.

Sie können sich ganz einfach anmelden und einen Avatar erstellen und können dann schon gleich loslegen.

Sie sollten niemals einfach investieren, weil Ihnen irgendjemand (und schon gar nicht eine große Firma) sagt, dass Sie das tun sollten. Sie sollten sich immer selbst genau damit beschäftigen, worin Sie investieren, genauso ist das mit dem Metaversum. Nehmen Sie sich die Zeit, um herauszufinden, wie das Metaversum genau funktioniert, schauen Sie sich zum Beispiel das oben benannte Decentraland an und entscheiden Sie dann, ob es etwas für Sie ist, und dann schauen Sie sich an, welche Welten am ehesten Erfolg versprechend sind.

Dasselbe ist der Fall mit NFTs, diese sollten Sie sich niemals einfach so kaufen, schauen Sie sich immer an, welche profitabel sind und welche nicht, es nützt Ihnen ja auch nichts, wenn Sie ein potenziell wertvolles NFT gekauft haben, aber niemand den Preis dafür bezahlen möchte.

Zudem empfehle ich, ein System zu wählen, welches auf Ethereum oder Solana basiert, dies sind beides Kryptowährungen, welche weniger riskant sind, da sie in vielen Branchen verteilt sind und wahrscheinlich weiter bestehen bleiben, auch wenn das Metaversum wider Erwarten nicht die große Weiterentwicklung des Internets wird.

Sie können sich auch ganz regulär an einer Firma mit Aktien beteiligen, welche an der

Entwicklung des Metaverse beteiligt ist, anstatt sich mit den Kryptowährungen auseinanderzusetzen. Dies ist eine Art, wie Sie in das Metaversum investieren können, ohne direkt daran teilzunehmen.

Egal, für welche Art Sie sich schlussendlich entscheiden, treffen Sie stets überlegt Ihre Entscheidung und nicht voreilig.

Aber bedenken Sie immer, dass Investitionen in Kryptowährungen immer riskant sind und dass Sie nur Geld investieren, welches Sie auch verlieren können.

Schlussendlich ist das Ganze noch ziemlich am Anfang und im Aufbau, keiner kann genau sagen, wie sich das Metaversum entwickeln wird und ob es sich überhaupt durchsetzen wird. Dies bleibt zu beobachten. Ich persönlich bin der Meinung, dass durch die Beteiligung einiger großer Firmen wie Meta und Microsoft gute Chancen bestehen, dass es sich durchsetzen wird, allerdings sind Virtual-Reality-Brillen noch nicht sehr weitverbreitet und nicht jeder hat einfach eine zu Hause rumliegen, zumal diese Brillen meist auch nicht ganz so günstig sind und in der Regel einen leistungsstarken Computer erfordern. Daran muss auf jedenfalls noch gearbeitet werden, dass es zugänglicher wird, damit es den großen Durchbruch erleben wird, den alle sich erhoffen.

IDEEN DES METAVERSES

Die Grundidee des Metaverses ist, wie schon erwähnt, eine virtuelle Welt zu schaffen, in der wir Menschen in Echtzeit mit anderen Menschen interagieren können, zusätzlich kann es natürlich noch Computer-gesteuerte Charaktere geben (auch NPC – Non Player Character genannt).

Es soll in der Regel „Always Virtual Reality" sein, dies bedeutet, dass man in der Regel nur durch Virtual Reality das Metaverse betreten kann oder zumindest, um es in vollem Umfang benutzen zu können. Dies soll einem zusätzlich auch das Gefühl bieten, ein Teil davon zu sein, was ja auch der Kerngedanke hinter dem Metaversum ist, dass man selbst ein Teil davon wird und nicht nur ein Benutzer wie im Internet ist.

Es gibt auch bereits vorhandene Beispiele von einer digitalen und virtuellen Wirtschaft, wie zum Beispiel in dem Spiel World of Warcraft, in der jeder Benutzer seine virtuellen Gegenstände gegen echtes Geld tauschen oder virtuelle Jobs erledigen und dafür ebenso echte Geld erhalten.

Es gibt auch schon Metaverse-ähnliche Plattformen wie Fortnite (ein Videospiel von Epic Games), dort kann jeder Benutzer seine eigenen Welten nach Belieben erstellen und mit anderen teilen. Der Zweck dieser Welten kann unterschiedlich sein, manche sind rein soziale Welten, andere leben Ihre Kreativität aus und bauen ganze Welten auf, die sehr schön sein können. Außerdem belohnt Fortnite die Ersteller solcher Welten.

Das Metaverse wird aber nicht nur eine Plattform wie YouTube oder Facebook sein, in welchem Benutzer einfach nur Inhalte produzieren, teilen oder monetarisieren, sondern ganze Unternehmen werden allein basierend auf dem Metaverse gegründet und aufgebaut.

Dies macht die Möglichkeiten des Metaverse quasi unendlich groß und unendlich vielseitig; man kann im Prinzip schon von einer virtuellen Erde reden, worauf wir leben können.

Web 3.0

„**W**as ist dieses Web 3.0 jetzt schon wieder?", fragen Sie sich bestimmt. Im Prinzip ist es eine neue Art Internet. Das aktuelle Internet, wie es jeder kennt, heißt auch Web 2.0. Im Web 2.0 ist jeder Benutzer Konsument und Ersteller, in diesem „Zeitalter" des Internets haben erst die ganzen Technologiegiganten angefangen und das Internet für die breite Masse entwickelt. Zuvor gab es das Web 1.0, welches im Prinzip nur von Forschern benutzt wurde, um sich auszutauschen, dort haben wenige Leute Inhalte erstellt und die meisten waren Konsumenten, aber generell hatte die breite

Masse keinen Zugang zu dem Internet in dieser Zeit.

Im Web 3.0 würden alle Eingaben verstanden werden, die Sie geben, egal, ob über Text, Sprache oder andere Medien, und alle Inhalte werden komplett auf Sie personalisiert und zugeschnitten. Allerdings würde diese genaue Personalisierung wieder bedeuten, dass mehr Daten von einem Benutzer verarbeitet werden müssen, um diese Personalisierung zu bieten.

Diese Daten werden mit fortgeschrittenen künstlichen Intelligenzen auf eine sehr menschenähnliche Art und Weise verarbeitet.

Web 3.0 entsteht durch die Weiterentwicklung früherer Web-Tools, verbunden mit modernster Technologie, wie künstlicher Intelligenz und Blockchain, gepaart mit einer erhöhten Benutzeranbindung und Internetnutzung.

Damit stellt Web 3.0 eine Verbesserung gegenüber Web 2.0 und 1.0 dar.

GESCHICHTE DES INTERNETS

Web 1.0

In den 1990er-Jahren war das Web 1.0 trotz seiner stark eingeschränkten Inhalte und quasi keiner Benutzerbeteiligung der Anfang vom heutigen Internet.

Man konnte nicht einfach eine eigene Webseite erstellen oder gar einen Kommentar unter einem Beitrag abgeben.

Zudem gab es noch keine Suchalgorithmen wie Google, dadurch war es schwierig, überhaupt eine Seite und Informationen zu finden. Dies hat das Internet nicht sonderlich nützlich für die breite Masse gemacht.

Web 2.0

Durch die Entwicklung von Online-Technologien wie JavaScript, HTML5 oder CSS3 wurde das Internet dynamischer und ermöglichte es, interaktive Webseiten zu erstellen.

Dadurch sind Plattformen wie YouTube, Facebook, Wikipedia, Twitter und viele mehr entstanden.

Soziale Netzwerke, welche sich auf die „Produktion" von durch Nutzer erstellte Inhalten spezialisiert haben, florierten, wie Sie gut am Beispiel von Facebook sehen können.

Web 3.0
Die nächste Stufe des Internets ist das Web 3.0, dies ermöglicht, Daten menschenähnlich mit künstlicher Intelligenz zu verarbeiten, um die Benutzer zu unterstützen.

Das Sematic Web interagiert mit Systemen, Personen und Heimgeräten automatisch.

MERKMALE VON WEB 3.0

Das Web 3.0 hat vier wesentliche Hauptmerkmale, welche Allgegenwart, semantisches Web, künstliche Intelligenz und 3D-Grafik sind.

Allgegenwart
Web 2.0 ist bereits allgegenwärtig, jeder Benutzer einer Sozialmedia-Webseite kann ein Bild aufnehmen und es veröffentlichen, damit wird es allgegenwärtig, da es für jeden zugänglich ist,

unabhängig davon, wo man sich im Moment aufhält, solange man Zugang zu der besagten Socialmedia-Webseite hat.

Im Web 3.0 geht das Ganze noch einen Schritt weiter, indem es das Internet für jeden, jederzeit und überall verfügbar macht. Dies geschieht über das „Internet of Things", welches viele neue „intelligente" Geräte bereitstellt, welche mit dem Internet verbunden sind, was bedeutet, dass es sich nicht mehr–wie im Web 2.0–nur auf Computer und Smartphones konzentriert.

Semantisches Web

Die Semantik beschäftigt sich mit der Beziehung zwischen Worten. Das Semantic Web erlaubt Computern, große Datenmengen aus dem Internet auszuwerten, zum Beispiel Transaktionen und Verbindungen zwischen Menschen.

Durch die Anwendung von Semantik und der Analyse von Daten entschlüsseln Maschinen die Bedeutung und Gefühle hinter diesen Daten. Dies ermöglicht Internetbenutzern eine bessere Erfahrung.

Künstliche Intelligenz

Die künstliche Intelligenz ist die angezeigte Intelligenz einer Maschine. Eine Maschine versucht, anhand verschiedener Daten die bestmögliche Option auszuwählen.

Im Web 3.0 wird dies eingesetzt, damit unsere Computer und Maschinen die Bedeutung und die Emotionen von Daten lesen und verstehen können.

Das Web 2.0 weist bereits solch eine Fähigkeit auf, jedoch ist diese meist noch von einem anderen Menschen bereitgestellt, dies ermöglicht ein korruptes Verhalten, wie etwa voreingenommene Produktbewertungen oder falsche Bewertungen.

Im Web 3.0 kann dies mit einer künstlichen Intelligenz verhindert werden. Heutzutage ist es üblich, dass viele Firmen Leute bezahlen, um gute Bewertungen zu hinterlassen, dies verzerrt die Bewertungen und gibt den Leuten ein falsches Bild über das besagte Unternehmen. Wenn allerdings eine künstliche Intelligenz im Hintergrund sitzt und diese Bewertungen versucht, durchzugehen und zu überprüfen, dann könnten diese falschen Bewertungen ausgefiltert und gelöscht werden, um ein wahrheitsgetreues Bild des Unternehmens wiederzugeben.

Google besitzt bereits ein solches System, dieses wurde bereits angewendet, als eine Firma tausende negativer Bewertungen bekommen hat. Das System hat dabei erkannt, dass es sich um eine Manipulation von Bewertungen handelt, und hat diese selbstständig gelöscht.

Die künstliche Intelligenz wird uns eines Tages die am besten gefilterten und ehrlichsten Informationen präsentieren, dafür muss sich die Technologie allerdings noch etwas verbessern.

3D-Grafik

Das Web 3.0 wird auch Spatial Web genannt. Es soll die reale und die digitale Welt verbinden und dadurch die Grenzen verwischen, indem die Grafiktechnologie revolutioniert wird und die 3D-Welten schärfer und detaillierter werden.

Die 3D-Grafik bietet im Gegensatz zur 2D-Grafik ein neues Maß an Immersion, natürlich in Videospielen, aber auch in anderen Branchen wie Immobilien, Gesundheit und dem E-Commerce.

Dies wird die Daten für uns anfassbar machen und dadurch kann man leichter mit ihnen arbeiten und sie auch leichter verstehen.

WEB 3.0 ANWENDUNGEN

Siri
Eine Web-3.0-Anwendung muss die Fähigkeit besitzen, viele Daten verarbeiten und in Faktenwissen und sinnvolle Funktionen für den Benutzer umwandeln zu können, allerdings befinden sich solche Anwendungen noch in einer relativ frühen Phase und haben noch sehr viele Möglichkeiten, um sich zu verbessern.

Vielen kennen Siri, die nützliche Helferin in den iPhones. Siri funktioniert aufgrund von gesammelten Daten und passt sich dementsprechend an, Siri ist allgegenwärtig, immer, wenn man sie braucht, sagt man nur „Hey Siri" und schon reagiert sie, außerdem ist sie in der Lage, gesprochene Sätze zu verstehen und zu analysieren, was von ihr verlangt wird. Und natürlich ist Siri eine künstliche Intelligenz, die von ihren Nutzern lernt. Natürlich ist Siri auch noch nicht ganz ausgereift und versteht auch manchmal ihre

Benutzer nicht ganz so, wie sie es sollte. Das Ganze trifft natürlich auch auf die Helfer von Google oder Amazon zu, welche auch alle Web 3.0 Anwendungen sind.

Wolfram Alpha

Wolfram Alpha versucht, Fragen direkt zu beantworten. Gibt man bei Google eine Frage ein, dann bekommt man eine Liste von Webseiten, welche Informationen, die die Frage betreffen, beinhalten, allerdings bekommt man keine direkte Antwort.

So gibt Wolfram Alpha einem zum Beispiel bei dem Begriff „Frankreich gegen Deutschland" eine detaillierte Aufstellung und Vergleich zwischen den beiden Ländern, wohingegen Google Fußball-spiel-Ergebnisse zwischen diesen beiden Ländern gibt.

Wolfram Alpha eignet sich daher sehr gut, um gezielt nach Wissen zu suchen, und Google eher, um ein Thema nach den Informationen breitflächig abzusuchen, die vermutlich am beliebtesten sind.

WIE PASST WEB 3.0 ZU DEN ZU-KUNFTSVISIONEN DES INTER-NETS UND DES METAVERSE

Meta erklärt das Prinzip der „Robusten Interoperabilität", dabei haben Benutzer nur noch einen Avatar und eine Identität, die sie auf jede Webseite mitnehmen, anstatt sich bei jeder neuen Webseite neu zu registrieren und anzumelden. Dies ist eines der Ideale von Web 3.0. Überlegen Sie auch mal, wie viele Passwörter und Anmeldedaten Sie mittlerweile parat haben müssen. Es gibt eine Vielzahl von Webseiten, wo man sich registrieren muss, und dann muss man noch einen Überblick behalten, wo man welches Passwort verwendet hat, dies kann schnell sehr unübersichtlich werden; mit dem Web 3.0 wäre dieses Problem beseitigt.

Das Web 3.0 wird ein personalisiertes Erlebnis, einen menschenähnlichen Suchassistenten, der einem die Informationen gibt, die man im Moment wirklich sucht und braucht, und andere dezentralisierte Vorteile bieten. Jeder Benutzer hat die Kontrolle über seine Daten und kann vollkommen selbstständig entscheiden, was er sehen möchte und was nicht.

Das Internet wird mit Web 3.0 ein wesentlicher Bestandteil unseres Lebens sein, diese Entwicklung konnte man bereits bei intelligenten Geräten bemerken, wie diese unser Verhalten nach und nach beeinflusst haben, und dies wird mit Web 3.0 noch deutlich stärker der Fall sein.

So ziemlich jedes elektronische Gerät wird ein Teil des Internets of Things werden und in irgendeiner Form mit einem Server interagieren.

INVESTIEREN IN WEB 3.0

Web 3.0 hat drei Ziele, die verfolgt werden. Zum einen soll es ein offenes Netzwerk sein, Kryptowährung ist Open-Source, das bedeutet, dass jeder sich den Code anschauen und sich selbst eine Kopie davon machen und selbst Änderungen vornehmen kann, um so eine andere Variante von dem ursprünglichen Programm zu schaffen. Im Fall von Ethereum, einer sehr erfolgreichen Kryptowährung neben Bitcoin, gibt es zum Beispiel die Projekte Binance Smart Chain und Ethereum Classic.

Man muss außerdem darauf vertrauen können, dass die ganzen Algorithmen, die die ganze Arbeit für uns erledigen, zuverlässig sind und auch im Interesse des Benutzers arbeiten und nicht gegen uns.

Bei Google kann man seine Anzeigen „hochkaufen". Man bezahlt Google Geld, damit die eigenen Ergebnisse oben angezeigt werden und man dadurch eher geklickt wird, dies heißt aber wiederum, dass nicht objektiv das beste Ergebnis oben angezeigt wird und so wird der Benutzer beeinflusst, ein potenziell schlechteres Suchergebnis zu bekommen.

Jeder kann am Web 3.0 teilnehmen, wie er es mag, alles, was in das System kommen soll, wird von der Community demokratisch mit Abstimmungen bestimmt werden, ob die jeweilige Änderung hinzugefügt werden soll.

Nun stelle ich Ihnen ein paar Projekte vor, die interessant sind und die Sie sich vielleicht näher anschauen sollten.

1. Polkadot und Kusama

Polkadot, ist ein Projekt der Web3 Foundation aus der Schweiz. Die Web3 Foundation ist ein gemeinnütziges Unternehmen in der Schweiz, mit dem Ziel, moderne Anwendungen für dezentrale Websoftwareprotokolle zu fördern. Sie haben in kürzester Zeit über 350 Anwendungen entwickelt, die Blockchain-Technologie mithilfe von Para-Chains neu erfunden und zielen darauf ab, gegen den Blockchain-Maximalismus zu gehen. Der Blockchain-Maximalismus bedeutet, dass eine Kryptowährung allen anderen überlegen ist und die einzige sein wird, die man braucht.

Der Polkadot soll auf lange Sicht die am meisten interoperable Kryptowährung auf dem Markt sein.

Das Web 3.0 soll die Menschen miteinander verbinden, egal, welcher Gesellschaftsklasse sie angehören, welche Überzeugungen sie haben oder woran sie glauben, jede ist willkommen im Web 3.0.

Kusama ist die Vorproduktionsplattform von Polkadot, dies wird für jedes Projekt verwendet, das auf der Webseite landet. Kusama ermöglicht es den Entwicklern von Kryptowährungen, ihre

Anwendungen zu testen, bevor sie dann in der Hauptkette veröffentlicht werden.

Dies ist in dieser Art ein einzigartiges Projekt.

2, Oceanprotocol

Die Datensammlung wird vermutlich immer in unserem Leben erhalten bleiben. Ethische Ansätze gleichen jedoch die Wettbewerbsbedingungen in dieser von Technologie-Giganten beherrschten Welt aus.

Oceanprotocol basiert auf Ethereum und ist ein vertrauenswürdiger, dezentraler Daten- und KI-Sharing-Dienst.

Es strebt danach, das Datenäquivalent von Uniswap zu sein. Das bedeutet, dass normalen Einzelpersonen und Unternehmen der Zugang zu einem Datenmarktplatz ermöglicht wird und dass diese diesen Marktplatz zu ihrem Vorteil nutzen können.

In einem Interview hat der Gründer von Oceanprotocol die Bedeutung dessen erläutert und sagte „Viele Personen haben in der Vergangenheit versucht, Datenmarktplätze aufzubauen, wurden jedoch von Fragen der Privatsphäre und

Kontrolle zurückgehalten." Oceanprotocol geht dieses Problem laut Gründer über Blockchain und Compute-to-Data an. „Unser Ziel ist es, Datenmarktplätze zu nutzen, um diese Datenökonomie durch die Verknüpfung von Datenkäufern und -verkäufern zu erschließen".

3. Der Internet-Computer

Im Web 3.0-Wettbewerb ist der Internet-Computer am weitesten fortgeschritten.

Internet-Computer hat sich am Anfang des Jahres 2021 in sehr schneller Zeit in die Top 10 von Coinmarketcap katapultiert, quasi über Nacht.

Die Idee hinter diesem Projekt wurde schnell bei Investoren und Computerbegeisterten bekannt

The Internet-Computer hat LinkedUp, eine dezentralisierte Version von LinkedIn und Can-Can, ebenso eine dezentralisierte Version von TikTok, entwickelt.

Das Ziel von Web 3.0 ist es, die Menschen zu verbinden, völlig unabhängig davon, in welcher sozialen Schicht man sich befindet, welche politischen Ansichten man hat oder woran man glaubt.

Jeder ist hier willkommen und hat irgendwo einen Platz.

WIE MAN MIT KRYPTOWÄHRUNG IN WEB 3.0 INVESTIERT

Es gibt einige wichtige Punkte, die Sie sich merken sollten. Wenn neue Technologien eingeführt werden und diese zusätzlich auch noch disruptiv sind, bietet dies meistens die besten Chancen, um zu investieren, allerdings birgt es auch meistens ein erhöhtes Risiko.

Die nächste Ausgabe des World Wide Web, also das Web 3.0, wird meistens mit dem ersten Internet-Boom verglichen, dabei soll Blockchain und die zugrunde liegende Technologie als Hauptantrieb für die nächste Generation des World Wide Web dienen.

Der beste Weg, um an der Web-3.0-Revolution teilzunehmen, ist die direkte Investition in Kryptowährung und Blockchain-Protokolle.

Das Internet ist womöglich die tiefgreifendste technologische Entwicklung in der Geschichte der Menschheit, die auch die meisten Veränderungen mit sich gebracht hat, bereits heute kann man sich das Internet nicht mehr wegdenken und vieles würde nicht mehr ohne das Internet funktionieren, das heutige Leben wäre quasi unmöglich ohne das Internet. Mit dem Web 3.0 wird das Internet noch mehr in unser Leben etabliert und wird vermutlich ein wesentlicher Bestandteil von jedem werden.

Das Internet hat außerdem die Menschen so vereinigt wie niemals zuvor, man kann problemlos mit einer Person vom amerikanischen Kontinent reden. Man kennt sich nun überall auf der Welt–und nicht nur noch seine Nachbarn wie früher. Außerdem hat dies natürlich die Forschung ebenso verbessert, da Forscher von jedem Fleck auf der Erde miteinander zusammenarbeiten können und dadurch mehr Wissen zusammengeführt werden kann.

Wir stehen am Anfang eines neuen Zeitalters des World Wide Webs. Blockchain und künstliche Intelligenz werden das Internet, wie wir es kennen, verändern und zu einem mehr personalisierten Ort machen und in der Kombination auf Web 3.0 und Metaverse wird vielleicht eine virtuelle Welt entstehen, in der wir ein Parallelleben zu unserem realen Leben führen können.

WEB 3.0 UND KRYPTOWÄHRUNGEN

Einige Kryptowährungshändler wetten auf zukunftsorientierte Währungen wie digitale Assets, welche mit der Fantasie eines dezentralisierten Internets verbunden sind. Diese sind auch als Web-3.0-Tokens bekannt.

Für den Kryptomarkt, welcher zuletzt einen Rückgang erlebte, ist es ermutigend, dass das Ökosystem von Web 3.0 seit 2021 stark wächst und die meisten seiner Gewinne auch beibehält. Höhere Kosten stehen in direktem Zusammenhang mit steigender Nachfrage, wodurch das Ökosystem erweitert werden kann.

Web 3.0 funktioniert mit einer Reihe von vertrauensminimierten und dezentralisierten Netzwerken, welche Rechendienste, Speicherdienste, die Bandbreitdienste und Gelddienste zur Verfügung stellen.

Das Livepeer-Protokoll basiert auf Ethereum und fungiert als Marktplatz für Videoinfrastrukturanbieter und Streaming-Dienste. Filecoin und The Graph bieten im Gegensatz zum Livepeer-Protokoll dezentrale Dateispeicher- und

Datenverwaltungsnetzwerke an. Helium verwendet Blockchains und Tokens, um Verbraucher und kleine Unternehmen für die Bereitstellung und Bestätigung der drahtlosen Abdeckung und das Senden von Gerätedaten über das Internet zu belohnen.

Erweiterte und virtuelle Realität

Die Virtual Reality (VR) ist eine völlig neue und digitale Welt, in die man persönlich mithilfe einer Virtual-Reality-Brille eintaucht. Im Gegensatz dazu gibt es die Augmented Reality, in welcher digitale Inhalte in die reale Welt übertragen werden.

Meist werden die Begriffe „virtuelle Realität" und „erweiterte Realität" synonym verwendet, jedoch sind dies grundlegend unterschiedliche Dinge.

AR-Spiele und Virtual-Reality-Brillen sind nach wie vor noch immer sehr beliebt und es wird stetig an dieser Technologie weiterentwickelt.

WAS IST VIRTUELLE REALITÄT?

Eine virtuelle Realität ist eine digitale Welt, in welche man mithilfe einer Virtual-Reality-Brille eintaucht. Diese Brille gibt einem die Illusion, ein Teil von dieser Welt zu sein, man sieht dann nichts mehr von der realen Welt und nur noch die digitale Welt.

Solange diese Brille nicht angeschaltet ist, könnten Sie annehmen, dass Ihre Augen verbunden sind, diese Brillen sind absolut undurchsichtig, im Prinzip hat man zwei Bildschirme als „Brillengläser".

Beispiele dazu sind 360-Grad-Filme, ein Videospiel oder eine virtuelle Umgebung, die durch die Benutzeroberfläche der jeweiligen Virtual-Reality-Brille entsteht.

Es gibt angebundene Virtual-Reality-Brillen, wie etwa die Playstation VR, und eigenständige Virtual-Reality-Brillen, wie die Quest 2 von Oculus.

Diese Virtual-Reality-Brillen bieten außerdem eine Bewegungsverfolgung mit sechs Freiheitsgraden an. Dies wird durch Sensoren oder Kameras und mit nach außen gerichteten Kameras gemacht. Dies ermöglicht den Virtual-Reality-Brillen, Ihre Blickrichtung und Bewegungen zu erkennen und zu verarbeiten.

Außerdem gibt es dazu noch 6DOF (sechs Freiheitsgrade) Motion Controllers, mit diesen können Sie Ihre virtuellen Hände in den virtuellen Welten bewegen und somit mit Objekten in diesen Welten interagieren. Dies macht diese Welten lebendiger, da Sie nicht nur dastehen und beobachten, sondern auch diese Welten beeinflussen können.

Bei all dem sollten Sie allerdings dafür sorgen, dass Sie eine relativ freie Umgebung um sich herum haben, da Sie ansonsten leicht stolpern oder Gegenstände versehentlich umwerfen können, denken Sie immer daran, dass Sie Ihre reale Welt nicht sehen können, während Sie in der virtuellen Welt sind.

Es gibt verschiedene Arten von virtueller Realität, ursprünglich wurde der Begriff als Marketing-Schlagwort verwendet, um interaktive

Videospiele und 3D-Filme zu bewerben. Allerdings ist keins davon eine wirkliche virtuelle Realität, da im Prinzip dem Gehirn nur vorgegaukelt wird, in einer anderen Welt zu sein, im Grunde sind es lediglich interaktive Computersimulationen.

Dies bedeutet aber, dass es mehr als nur einen Weg gibt, virtuelle Welten zu erschaffen. Wir schauen uns nun einige Variationen etwas näher an.

Vollständig immersiv

Um ein umfassendes Virtual-Reality-Erlebnis zu haben, sind drei Komponenten erforderlich.

Die wichtigste Komponente ist die virtuelle Welt, die man betritt, wenn diese nicht glaubwürdig ist und nicht umfassend detaillierte Umgebungen beinhaltet, die Sie erkunden können, dann ist das Erlebnis schon deutlich schlechter und es fällt Ihnen sehr schwer, diese Welt als eine „Realität" wahrzunehmen.

Die nächste Komponente, die ebenso wichtig ist, ist, dass man einen hochentwickelten Computer hat, welcher in der Lage ist, alle Bewegungen in Echtzeit zu erkennen und in die virtuelle Welt umzusetzen, sodass sich alles genauso schnell ändert, wie wir uns bewegen (so, wie es im realen Leben auch der Fall ist), wenn dies nicht der Fall wäre, würde uns das sehr schnell auffallen und alles würde anfangen, sich komisch anzufühlen. Stellen Sie sich vor, Sie lassen ein Glas fallen, sehen, dass es schon kaputt ist, aber der Ton vom zerbrechenden Glas würde erst zwei Sekunden später kommen.

Die dritte Komponente ist, dass uns die computergestützte Technologie vollständig in die virtuelle Welt versetzt. Normalerweise müssten wir ein Head Mounted Display (HMD) mit zwei Shows und Stereoton sowie einen oder mehrere sensorische Handschuhe tragen. Alternativ können wir in einem mit Surround-Sound-Lautsprechern ausgestatteten Raum herumstreifen, auf den von außen projizierte bewegte Bilder gezeigt werden.

Nicht immersiv
Nicht immersive virtuelle Realität kann ein sehr realistischer Simulator auf einem Computer zu Hause beinhalten, meist benutzt man dafür

Kopfhörer, einen großen Bildschirm, Surround Sound und einen Joystick. Nicht jeder möchte vollständig in einer anderen Welt sein, manche wollen einfach nur eine ziemlich realistische Darstellung von Gegebenheiten, die Sie trotz allem von außen betrachten können.

Ein Architekt möchte ein detailliertes 3D-Modell von einem neuen Haus erstellen und macht dies mit einem dafür bereitgestellten Programm, danach kann man das ganze Haus auf einem regulären Desktopcomputer mit dem Mauszeiger erkunden. Auch, wenn man darin nicht „eintauchen" kann, ist dies auch eine Form der virtuellen Realität.

Ein anderes Beispiel wären Archäologen, welche eine 3D-Rekonstruktion von alten Städten oder Gebieten machen können und diese dadurch erkunden oder durchstreifen können, ohne genau dasselbe simuliert zu hören, riechen oder zu schmecken, was die Menschen zu dieser Zeit gehört, gerochen oder geschmeckt hätten.

Kollaborativ

Spiele in einer virtuellen Umgebung wie Second Life oder Minecraft bieten auch eine Form von virtueller Realität. Sie erfüllen die Anforderungen von Glaubwürdigkeit (die Welten sind auf ihre Art und Weise glaubwürdig), Interaktivität (man kann mit den Welten interagieren und sie dadurch manipulieren), computergeneriert (die Welten oder Teile davon sind oft vom Computer selbst generiert) und Erforschbarkeit (die Welten bieten meist viel Raum für Entdeckungen).

Jedoch können die Benutzer nicht vollständig in diese Welten hineintauchen.

Allerdings bieten diese Spiele etwas, was in der modernen virtuellen Realität oft nicht geboten wird: Kollaboration (man kann seine Welterfahrungen mit anderen problemlos in Echtzeit mit anderen teilen). Außerdem kann man auch zusammenarbeiten und diese Welten gemeinsam nutzen, dies sind Aspekte, die in der virtuellen Realität der Zukunft vermutlich ein wesentlicher Aspekt wird.

Webbasiert

Zu den frühen Zeiten des Internets in den 1980er-
und 1990er-Jahren war die virtuelle Realität eine
der am schnellsten wachsenden Technologien, jedoch verloren die Menschen das Interesse daran,
als das Internet immer größer wurde und immer
weiter verbreitet war. Normale Menschen interes-
sierten sich mehr dafür, wie sie durch das Internet
neue Möglichkeiten und Zugänge zur Realität gewinnen können, wie man Informationen einfach
findet und veröffentlichen kann, wie man Ideen
und Erfahrungen mit Freunden und Verwandten
teilt, anstatt sich mit einer von einem Informatiker
geschaffenen virtuellen Welt zu beschäftigen.

Durch das starke Interesse von Meta (ehemals
Facebook) an virtueller Realität scheint die Zukunft von VR auch webbasiert zu sein.

ERWEITERTE REALITÄT

Vor einigen Jahren war es noch undenkbar, überhaupt ein Telefon in der Hosentasche zu haben,
geschweige denn, einen ganzen Computer, doch
heutzutage haben wir unsere Smartphones,

welche beides sind. Sie sind ein kompaktes Telefon und zudem ein relativ leistungsstarker Computer.

Vor vielen Jahren hat man ganze Räume gebraucht, um Computer, die so groß wie ganze Schränke waren, unterzubringen, zumal diese Computer nur einen winzigen Bruchteil an Leistung hatte–im Vergleich mit unseren heutigen Smartphones. Heute passt all das in unsere Hosentasche und hat zudem noch viel mehr Leistung.

Wenn wir in den Urlaub fahren oder zu neuen Orten reisen, wo wir noch nie waren, möchten wir nicht unbedingt an eine virtuelle Realität denken, geschweige denn, eine betreten. Wir möchten normalerweise diese wundervollen Orte genießen und erleben, die wir in dem Moment vor uns sehen. Allerdings möchte man möglicherweise interessante Informationen zu den Orten bekommen und da kommt dann die Augmented Reality (AR) ins Spiel.

Die Augmented Reality soll die reale Welt und die virtuelle Welt verbinden, so kann man zum Beispiel mit dem leistungsstarken Computer in Ihrer Hosentasche besagte Orte durch die Kamera anschauen, dabei erkennt dann das Smartphone, welcher Ort dies ist, und liefert direkt interessante Informationen dazu. Außerdem könnten Simulationen diese Orte wieder zum Leben erwecken, wenn Sie in eine alte Siedlung gehen oder zu den Pyramiden gehen, könnte das Smartphone computergenerierte Charaktere in diese echte Welt setzen, um Ihnen zu zeigen, wie das Leben zu dieser Zeit wohl ausgesehen hat, oder um historische Ereignisse bildlich darzustellen.

Die Augmented Reality verbindet die unglaublichen Mengen an Wissen, welche im Internet vorhanden sind, mit der realen Welt, um die Orte neu zu erleben und das alltägliche Leben einfacher zu gestalten.

Ich kann mir auch gut vorstellen, dass wir bald Augmented-Reality-Brillen haben, gut, um ehrlich zu sein, gibt es diese natürlich auch schon, das Problem bei diesen Brillen ist, dass sie sehr teuer sind und sie sehen noch sehr merkwürdig aus. Sie würden mit dieser Brille in der Öffentlichkeit sehr auffallen. Ich kann mir aber gut vorstellen, dass in einigen Jahren diese Brillen so weit entwickelt sind, dass sie billiger werden und dass sie mehr wie eine normale Brille aussehen.

Der Kostenfaktor ist natürlich auch ein Punkt. Wenn man etwas so Teures in die Öffentlichkeit mitnimmt, besteht natürlich immer die Gefahr, dass die Augmented-Reality-Brille vielleicht auf den Boden fällt und kaputtgeht oder dass sie im schlimmsten Fall sogar gestohlen wird.

Deswegen wird für den Moment erst mal das Smartphone das Gerät für die Augmented Reality sein.

Eine sehr bekannte Augmented-Reality-Anwendung ist das Spiel „Pokémon Go" dieses hat einen starken Hype ausgelöst, als es erschienen ist, und Millionen von Menschen sind losgezogen, um Pokémon in der realen Welt zu fangen. Pokémon Go verwendet Ihren Standort und lässt Sie dann Pokémon in Ihrer Umgebung sehen, welche Sie dann anklicken und mit Ihrer Kamera in der realen Welt anschauen und fangen können, Sie können dann auch mit ihnen spielen, sie füttern oder sogar spazieren gehen.

Zudem gibt es Belohnungen, wenn Sie bestimmte Orte besuchen, an welchen meistens eine kleine oder in manchen Fällen eine größere Sehenswürdigkeit ist, wodurch Sie auch mal neue Orte kennenlernen, vielleicht sogar in Ihrer eigenen Stadt, von denen Sie vorher nicht wussten, dass diese existieren.

Augmented Reality und Virtual Reality haben ähnliche Probleme, an denen man arbeiten und eine Lösung finden muss. Die Augmented Reality muss bestimmen können, wo sich das Gerät gerade aktuell befindet, außerdem muss es die Elemente passend auf Ihrem Bildschirm platzieren können, während Sie durch die Stadt gehen oder die neuen Orte erkunden. Auf der technischen Ebene sind das grundlegend ähnliche Probleme. Die Virtual Reality muss erkennen können, wo Sie sich in der virtuellen Welt befinden, und dementsprechend alle Objekte anzeigen können.

Dies bedeutet, dass Augmented Reality und Virtual Reality eng miteinander verbunden sind.

Virtual Reality funktioniert unabhängig von Ihrer Umgebung im realen Leben und übertrifft diese in Spielen oder Anwendungen, Sie werden an neue Orte einfach durch das System transportiert, Sie können im einen Moment ein Flugzeug steuern und im anderen Moment stehen Sie am Grand Canyon, ohne sich im realen Leben nur einen Meter bewegt zu haben, jedoch fühlen Sie sich jedes Mal so, als ob Sie dort wären. Virtual Reality bietet dadurch viele Möglichkeiten, die primär dadurch umgesetzt werden, indem Ihre Umgebung durch etwas anderes ersetzt wird.

WAS IST AUGMENTED REALITY?

Das Ziel von Augmented Reality ist es, Ihre Wahrnehmung zu verbessern, anstatt Sie zu täuschen. Eine Augmented-Reality-Brille ist transparent, damit Sie alles um sich herum sehen können, im Prinzip so, als ob Sie eine normale Brille tragen. Ein Beispiel für eine Augmented-Reality-Brille ist die HoloLens von Microsoft, welche primär auf Unternehmensebene eingesetzt wird.

Sie können sich mit einer Augmented-Reality-Brille frei bewegen, währenddessen projiziert die Brille für Sie Bilder auf alles, was Sie im Moment betrachten. Auf Ihrem Smartphone wird dafür die Kamera verwendet, welche in Ihrem Smartphone eingebaut ist. Dadurch ist Augmented Reality erstmals auf Smartphones verfügbar und macht diese leicht zugänglich für jedermann.

Ein Augmented-Reality-Display kann ein einfaches Overlay sein, welches Ihnen das aktuelle Datum und die aktuelle Uhrzeit anzeigt, es kann

aber auch sehr komplex sein und ganze Holo-
gramme projizieren. Die HoloLens oder andere
„intelligente Brillen" erlauben es Ihnen, schwe-
bende App-Fenster und 3D-Objekte um sich
herum virtuell zu platzieren.

Im Vergleich zur virtuellen Realität hat diese
Technologie einen großen Nachteil: Man wird mit
Augmented Reality nie eine visuelle Immersion
haben. Augmented-Reality-Anwendungen er-
scheinen immer nur auf Ihrem Smartphone oder
Ihrem Tablet, selbst mit der HoloLens kann nur
ein eingeschränkter Bereich Bilder vor Ihnen projizieren. Im Gegensatz ersetzt die virtuelle Realität
Ihr komplettes Sichtfeld.

Sobald ein Hologramm verschwindet, weil es
aus dem Sichtfeld der HoloLens kommt oder Sie
auf einen Bildschirm starren und so tun müssen,
als ob das, was Sie auf dem Bildschirm sehen, vor
Ihnen ist, dann ist das nicht wirklich eindringlich.

3DOF kann besonders gut mit grundlegenden
Augmented-Reality-Anwendungen arbeiten, die
minimale Informationen über das, was Sie betrachten, überlagert. Allerdings erfordern die
meisten Augmented-Reality-Anwendungen 6DOF
in irgendeiner Form, die Ihre physische Position

verfolgt, damit die Anwendung Bilder im 3D-Raum anzeigen kann.

Die HoloLens verwendet eine stereoskopische Kamera und eine fortschrittliche Mustererkennung, um Ihren Standort jederzeit bestimmen zu können.

Die Möglichkeiten und das Potenzial für Augmented Reality sind endlos. Bereits jetzt erkennen Augmented-Reality-Anwendungen, welche auf Smartphones laufen, die Umgebung und liefern zusätzliche Informationen zu dem, was Sie sehen, wie Textübersetzungen in Echtzeit oder Restaurant-Bewertungen, während Sie diese betrachten. Die HoloLens geht bereits deutlich weiter und ermöglicht Ihnen, verschiedene Programme als Fenster um Sie herum zu positionieren. Dadurch verwandeln Sie Ihren Computer in eine modulare Konfiguration mit vielen Monitoren.

Augmented Reality wird ebenso wie die virtuelle Realität in den kommenden Jahren immer weiter entwickelt und verbessert und wird ebenso wie die virtuelle Realität ein fester Bestandteil unseres Lebens werden. Ich persönlich denke, dass die Augmented Reality noch eher in das Leben von jeden eindringen und Bestandteil des täglichen Lebens wird, da praktisch jeder dazu Zugang hat. Heutzutage besitzen die meisten Menschen ein Smartphone und dadurch kann jeder bereits jetzt mit Augmented Reality arbeiten.

WOFÜR WIRD AUGMENTED REALITY VERWENDET?

Augmented Reality wird verwendet, um alltägliche Erfahrungen zu verbessern. Dies passiert zum Beispiel in Schulen, wo durch Augmented Reality spezielle Lernumgebungen geschaffen werden können, oder um das Verbrauchererlebnis für Einzelhandelstransaktionen zu verbessern.

Bekannt wurde Augmented Reality durch Videospiele wie Pokémon Go, dies wird vermutlich auch in der Zukunft ein großes Anwendungsgebiet für Augmented Reality sein.

Aber Augmented Reality kann nicht nur für Videospiele verwendet werden, es kann auch für Displays in einem Auto oder Flugzeug verwendet werden. Im Auto könnte die Windschutzscheibe ein Augmented-Reality-Display werden, wodurch man direkt auf die Straße die Fahrtroute projizieren kann.

Ein weiteres Anwendungsgebiet wären auch sogenannte „magischen Spiegel", mit welchen Kunden Kleidungsstücke virtuell anprobieren könnten.

Es gibt auch schon Anwendungen, welche einem erlauben, Möbelstücke zu Hause zu platzieren, um so zu sehen, ob dieses Möbelstück zu den eigenen vier Wänden passen würde oder ob doch ein anderes besser passen würde. So kann man bessere Entscheidungen treffen, bevor man dann tatsächlich das besagte Möbelstück kauft.

VERSCHIEDENE ARTEN VON AUGMENTED REALITY

Marker basierte Augmented Reality

Die Augmented Reality ist mit einem physischen Bildmustermarker in der realen Welt verknüpft, sodass das virtuelle 3D-Objekt oder der Text darüber gelegt werden kann. Mithilfe von Kameras wird kontinuierlich die Eingabe gescannt und dadurch ihre Geometrie durch Markierungsbild-Mustererkennung aufgebaut. Wenn die Kameras nicht auf einen bestimmten Bereich fokussiert sind, dann wird das Objekt nicht angemessen dargestellt. Marker basierte Augmented Reality wird bereits bei Instagram-, Facebook- oder Snap-chat-Filtern verwendet, Videospiele wie Pokémon Go nutzen ebenso diese Form von Augmented Reality.

Ein markerbasiertes Augmented Reality Bilderkennungssystem zeichnet sich durch die Komponenten wie Kamera, Bilderfassung, Bildverarbeitung, Rendering und Marker-Tracking aus.

Markerlose Augmented Reality

Die markerlose Augmented Reality bezieht sich auf eine Anwendung, welche Bildmuster erkennt, ohne dass eine Kamera erforderlich ist. Damit dies erfolgreich funktioniert, ist eine solche Anwendung auf die Technologien in einem Smartphone angewiesen, wie dem GPS, einen digitalen Kompass und Beschleunigungsmesser. Diese Anwendungen kombinieren digitale Daten mit Echtzeitdaten, die an einem physischen Standort registriert sind.

Bei der markerlosen Augmented-Reality-Bildverarbeitung kommt die SLAM (Simultaneous Localization and Mapping) Technologie zum Einsatz, welche die Umgebung scannt und relevante Karten entwickelt, um virtuelle Objekte zu platzieren.

Standortbasierte Augmented Reality

Bei standortbasierter Augmented Reality werden von einer Smartphone-Kamera, einem GPS, einem digitalen Kompass und einem Beschleunigungsmesser Daten erfasst, um damit die projizierten Objekte an einen festen Ort zu binden. Da es den Fokus des Benutzers als Auslöser für die Verbindung der Echtzeitdaten mit dem aktuellen Standort vorhersagen kann, erfordert die standortbasierte Augmented Reality zum Bereitstellen keinen Hinweis von einem Bild oder Objekt. Dies ermöglicht die Entwicklung von Anwendungen, welche interessante Informationen zu bestimmten Orten bereitstellen sollen. Damit können dann Reisende profitieren, um Neues über die gerade besuchten Orte durch Objekte, Filme, Texte oder Audio zu lernen.

Projektionsbasierte Augmented Reality

Die projektionsbasierte Augmented Reality spezialisiert sich auf das Rendern von virtuellen

Objekten im physischen Raum eines Benutzers. Der Benutzer kann mit einem Projektor und einer Tracking-Kamera in einer definierten Zone durch diese Umgebungen gehen. Durch künstliches Licht auf echten Oberflächen kann eine Illusion über die Tiefe, Position und Ausrichtung eines Objekts erzeugt werden. Projektionsbasierte Augmented Reality kann in Unternehmen bei komplexen Tätigkeiten fundierte Ratschläge geben. Da die Anweisungen direkt an den benötigten Stellen angezeigt werden können, werden Bildschirme überflüssig. Die projektionsbasierte Augmented Reality liefert nicht nur Daten für die Prozessoptimierung, sondern auch eindeutige IDs für Build-Zyklen.

Überlagerung Augmented Reality
Diese Art von Augmented Reality wird benutzt, um ein Objekt teilweise oder vollständig zu überdecken. Durch diese aktualisierte Ansicht eines Objektes wird dem Benutzer ermöglicht, mehrere Perspektiven eines Objektes zu sehen, und zusätzliche relevante Informationen werden angezeigt.

Augmented Reality Skizze

Hierbei werden Objekte durch Kameras erkannt und besonders hervorgehoben, zum Beispiel durch Umrandungen oder Linien. Dies kann verwendet werden bei Autos, um bei Nacht die Fahrt sicherer zu machen, man könnte andere Fahrzeuge umrahmen oder die Grenzen der Straße besser hervorheben.

UNTERSCHIED ZWISCHEN AUGMENTED REALITY UND VIRTUAL REALITY

Augmented Reality und Virtual Reality sind sich sehr ähnlich, erreichen aber ihre Ziele auf unterschiedliche Art und Weise. Virtual Reality zeigt Ihnen eine Illusion von einer virtuellen Welt und zeigt Ihnen alle möglichen (und auch unmöglichen) Dinge und Welten, wohingegen Augmented Reality Ihre Realität verbessert, indem sie Informationen liefert und Ihnen die Möglichkeit gibt, mit realen Objekten und Orten auf eine andere Art und Weise zu interagieren.

Es handelt sich in beiden Fällen um sehr leistungsstarke Technologien, welche sich aber noch richtig bei den Verbrauchern durchsetzen müssen. Es ist ein enormes Potenzial in beiden Technologien vorhanden, dieses muss allerdings noch ausgeschöpft werden. Ich persönlich denke, dass sich die Augmented Reality stärker durchsetzen wird, die meisten Menschen sind vermutlich von dem Gedanken, in völlig fremden virtuellen Welten zu sein, etwas verschreckt, zudem kommen aktuell starke Kosten auf einen zu, wenn man ein umfassendes Virtual-Reality-Erlebnis haben möchte. Die Augmented Reality kann allerdings jetzt schon von jedem benutzt werden–mit Ihren Smartphones–und es können auch leichter neue Anwendungen dafür entwickelt werden, da mehr Menschen Zugang zu dieser Technologie haben und dadurch auch mehr Menschen daran entwickeln können.

WOHER KOMMT DIESE BRANCHE?

In den 1990er-Jahren wurden Headsets veröffentlicht, womit man ein Video auf einem Headset von einem externen Gerät aus anzeigen lassen konnte. Einige Zeit später gab es dann Produkte wie den

Google Glass Explorer, die Menschen waren zuerst begeistert davon und es war im Prinzip eines der ersten Augmented-Reality-Produkte, jedoch konnte es sich nie wirklich durchsetzen, da es unter anderem Bedenken der Verbraucher wegen des Datenschutzes und der Privatsphäre gab.

Auch, wenn sich der Google Glass Explorer nicht durchsetzen konnte, hat er dennoch die Entwicklung für weitere Artikel freigegeben.

Nach und nach wurden immer mehr Augmented-Reality- und Virtual-Reality-Produkte veröffentlicht. Dieser Trend wird vermutlich auch noch weitergehen, vor allem mit dem zusätzlichen Interesse von einigen großen Firmen können wir in der Zukunft noch das eine oder andere interessante Produkt in diesen Bereichen erwarten.

WAS SIND DIE WICHTIGSTEN TECHNOLOGIEN?

Einige der wichtigsten Komponenten, aus denen ein Headset oder eine Brille bestehen, sind die Optik, Displays, Sensoren und die Haptik. Diese Komponenten müssen miteinander harmonieren, um ein vollständiges Erlebnis zu bekommen.

Sollte eine Komponente nicht mit den anderen harmonieren, wird das Erlebnis deutlich verschlechtert.

Eine weitere wichtige Komponente sind Wellenleiter, welche dafür verantwortlich sind, dass sie das Bild zum Auge vom Benutzer bringen. Obwohl die derzeitigen Headsets oder Brillen noch optische Artefakte haben, können wir erwarten, dass diese in Zukunft mit der Verbesserung der Technologie behoben werden können.

WO WIRD DIESE TECHNOLOGIE VERWENDET?

Augmented, Mixed und Virtual Reality werden in vielen verschiedenen Branchen eingesetzt.

Einige Anwendungsgebiete sind bei der Fertigung von Produkten als Fernhilfe, wenn man zum Beispiel Hilfe von einem Spezialisten benötigt, dieser allerdings sehr weit weg ist von dem Ort, an dem er benötigt wird, oder in der Ausbildung, so kann man wichtige Informationen angezeigt bekommen oder an einem virtuellen Objekt zuerst lernen, wie man damit umgeht, bevor man an eine echte Maschine dann geht.

Im Alltag gibt es zwei Anwendungsgebiete.

Das erste und vermutlich größte Anwendungsgebiet ist der Videospielbereich. Bei Benutzern dieser Art sind vermutlich die meisten Virtual-Reality-Brillen zu finden. Es gibt eine Vielzahl an Geräten, die dafür benutzt werden können, welche unter anderem von Oculus, HTC oder Sony kommen. Diese sind meist sehr fortgeschrittene Geräte, um dem Spieler das bestmögliche Erlebnis bieten zu können.

Ein weiteres Anwendungsgebiet ist, wie bereits weiter oben schon erwähnt, die Ausbildung oder die Weiterbildung. Wenn zum Beispiel ein Facharbeiter mit einer Menge an Know-how den Betrieb verlässt, kann das schädlich für den Betrieb sein, wenn dieses nicht in irgendeiner Form erhalten werden kann. Es muss für ein Unternehmen möglich sein, dieses Know-how weiterzugeben. Man könnte dann diese Facharbeiter in einer freihändigen Umgebung Arbeitsabläufe und Prozesse aufzeichnen. Mit diesen Aufzeichnungen kann dann später an andere Mitarbeiter das Know-how weitergegeben werden, indem sie diesen Aufzeichnungen folgen.

WAS BEDEUTET VIRTUELLE IDENTITÄT?

Die virtuelle Identität ist die Schnittstellenkomponente, welche den Benutzer in einer virtuellen Welt darstellt. Dies kann beispielsweise in einem Chatroom, einem Videospiel oder in einem anderen virtuellen Bereich sein. Diese Identität wird von einem Benutzer generiert und dient als Schnittstelle zwischen der Person vor dem Computer und der virtuellen Person, welche andere Benutzer auf ihren Bildschirmen wahrnehmen können.

Virtuelle Identitäten werden auf einer Vielzahl von Plattformen und virtuellen Welten benutzt. Diese werden erstellt, um diese Plattformen zu ergänzen. Diese Identitäten werden in Videospielen auch häufig „Avatar" genannt.

Eine virtuelle Identität besteht meistens aus Fotos, Videoinhalten, einem Spitznamen oder auch Username und einem Profil mit zusätzlichen Informationen, die je nach Plattform variieren können.

Die virtuelle Identität unterscheidet sich sehr oft von der echten Identität des Benutzers, jedoch beinhaltet sie teilweise auch die Identität des Benutzers.

Virtuelle Identitäten werden in der Regel benutzt, um Benutzer über das Internet und andere Netzwerke zu verbinden. In dem aktuellen Tempo, mit dem sich die virtuellen Welten und Plattformen entwickeln und dynamischer werden, werden unsere virtuellen Identitäten immer wichtiger und werden das Instrument für virtuelle Zusammenarbeit werden.

Auch im Metaverse wird die virtuelle Identität die wichtigste Komponente für den Benutzer sein, mit dieser Identität geht man dann durch das Metaverse und interagiert mit anderen Menschen, nimmt an Events teil, geht zur virtuellen Arbeit und, und, und. Im Metaverse wird unsere virtuelle Identität einen 3D-Avatar haben, welchem wir dann auch zum Beispiel Kleidung oder andere Accessoires kaufen und dann anziehen können. Durch diese Identität werden wir dann wahrgenommen und gewissermaßen wird diese Identität ein Teil von uns werden.

Im aktuellen Zustand des Internets hat jeder von uns viele verschiedene virtuellen Identitäten, womöglich haben wir eine Identität auf Facebook, einige werden Videospiele spielen und dort ihre eigenen Charaktere erstellt haben, mit denen sie die vielen Onlinewelten erkunden, andere werden ein Firmen-Profil haben. Mit dem Metaverse würde dies ein Ende haben, man hätte eine virtuelle Identität, welche wir überallhin mitnehmen können, wenn wir mit unseren Freunden einen virtuellen Park besuchen wollen, nehmen wir unseren Avatar mit, und wenn wir in einem Rollenspiel Monster besiegen wollen, nehmen wir unseren Avatar mit; egal, wohin es geht, unser Avatar wird uns immer begleiten. Dies wird uns über die Zeit vermutlich auch stark an unseren Avatar binden, sodass er ein besonderer Teil von jedem einzelnen wird, da er uns jeden Tag, egal, wohin wir gehen, begleiten wird und immer mehr ein Teil von uns wird.

Wenn das Metaverse so groß wird, wie es sich die großen Firmen vorstellen, dann wird das Metaverse immer mehr ein Teil von unserem Leben. Aktuell ist das Metaverse noch ziemlich am Anfang, aber das wird sich mit der Zeit immer mehr ändern.

Egal, was jemand im Internet macht, es steht immer der Mensch im Mittelpunkt, alle

Informationen und Medien, die wir konsumieren, ergeben nur dann Sinn, wenn sie sich auf eine bestimmte Person beziehen.

Wir werden von unserem Avatar repräsentiert, er spiegelt unsere Vorlieben für bestimmte Dinge wider, er zeigt an, was wir gern machen und wo wir gern sind.

„Ready Player One" ist ein Film, welcher sich mit dem Thema Metaverse auseinandersetzt. In diesem Film wechselt der Protagonist zwischen mehreren virtuellen Welten, ohne seinen Avatar verändern zu müssen. Bis dies aber in dieser Form möglich ist, wird es noch einige Zeit dauern, dafür müsste weltweit Highspeed-Internet verfügbar sein und die Virtual-Reality-Brillen müssten noch ein deutlich größeres Publikum bekommen, aktuell ist es noch mehr eine Nische, die von eher weniger Menschen genutzt wird.

Um einen allumfassenden Avatar zu haben, ist es aber auch nötig, abzuklären, wer diesen bereitstellt, vermutlich wird hinter dem Metaversum eine große Firma stehen, welche den Avatar zur Verfügung stellt, allerdings möchte jeder ein Stück vom Kuchen abhaben und so werden auch andere Unternehmen versuchen, ihren Avatar durchzusetzen. Am Ende wird es vermutlich ein großes Umsatzpotenzial geben und das will sich keiner entgehen lassen. Dies lässt mich auch aktuell daran zweifeln, dass wir es wirklich schaffen werden, einen einzigen Avatar zu haben, da einfach jeder irgendwie versuchen wird, sein eigenes System zu schaffen, auf welches man dann nur mit dem Avatar von dem jeweiligen Unternehmen zugreifen kann.

Man kann diese Entwicklung ja auch heutzutage schon beobachten. Wenn eine neue Plattform erscheint, die erfolgreich wird, dann versuchen viele anderen, diesen Erfolg zu replizieren. Schlussendlich liegt es am Benutzer, dann zu wählen, welche Plattformen man dann benutzt, und damit werden nach einiger Zeit die anderen, weniger beliebten Plattformen wieder schließen, bis sich dann eine große durchgesetzt hat.

Ein konkretes Beispiel dafür ist YouTube. YouTube ist nicht mehr wegzudenken und ist die Plattform, wenn man nach Videos sucht oder selbst Videos veröffentlichen möchten. Es gibt auf dem internationalen Markt so gut wie keine Konkurrenz mehr, dies war aber nicht immer so, vor einigen Jahren gab es noch die Plattform

„MyVideo", auf welcher man ebenso Videos hochladen konnte.

Es wird also vermutlich noch eine lange Zeit dauern, bis sich dann der eine Avatar durchgesetzt hat, und wir werden eine längere Zeit mehrere Metaverse zur Verfügung haben, bis sich eins am Ende dann endgültig durchgesetzt hat.

Fazit

Das Metaverse ist im Kommen und ist bereits jetzt schon teilweise Realität. Unser Leben wird von Tag zu Tag virtueller und die Virtual Reality und Augmented Reality entwickeln sich stetig weiter und verbessern damit unsere Erfahrungen und unser tägliches Leben.

Viele Menschen bekommen die Möglichkeit, durch das Metaverse eine Arbeit zu finden, und viele Millionen Menschen werden in eine neue Ära des Internets geführt.

Ich bin zuversichtlich, dass das Metaverse kommen wird, auch wenn es noch einige Zeit dauern wird, bis es so ist, wie wir uns das vorstellen.

Das Metaverse wird die Menschheit noch mehr verbinden als jemals zuvor. Man wird sich mit Menschen treffen können, die am anderen Ende der Welt leben, und man kann eine Menge an Möglichkeiten finden, um mit dem Metaverse Geld zu verdienen.

Sie können außerdem bereits in die Entwicklung investieren und dadurch bereits jetzt profitieren. Wir haben uns angeschaut, wie Sie dies durch Investitionen in Kryptowährung oder NFTs machen können oder Firmen, in die Sie regulär in Form von Aktien investieren können.

Wir stehen am Anfang einer neuen Ära des digitalen Lebens, wir denken aktuell noch viel darüber nach, wie das Metaversum sein könnte und was man alles damit machen könnte. Es ist ähnlich wie zu den Zeiten, als das Internet seinen Anfang gefunden hatte. Es gab auch damals viele, die der Meinung waren, dass sich das Internet niemals durchsetzen würde. Schlussendlich hat es sich durchgesetzt und uns in ein neues Leben eingeführt. Niemand könnte sich heute mehr ein Leben ohne das Internet vorstellen, es ist einfach viel zu hilfreich und nützlich. Man hat im Prinzip das ganze Wissen der Menschheit in der Hosentasche. Man muss nur kurz in die Suche eingeben, was man wissen möchte, und schon bekommt man diese Informationen. Man möchte wissen, was die Freunde aktuell im Urlaub machen–dann geht man kurz auf Facebook oder Instagram und schaut sich die Urlaubsbilder an.

Dasselbe wird mit dem Metaversum der Fall sein, einige werden noch skeptisch bleiben und der Meinung sein, dass es sich nicht durchsetzen wird. Aber in einigen Jahren wird das Metaversum womöglich schon nicht mehr wegzudenken sein, ebenso wie das Internet heute.

Ich persönlich werde das Thema spannend beobachten und bin sehr daran interessiert zu sehen, wie sich das ganze Thema noch entwickeln wird. Ich hoffe, dass ich Ihnen einen kleinen Überblick über das Thema des Metaversums geben konnte. Das ganze Thema ist natürlich noch deutlich größer und würde den Rahmen deutlich sprengen. Am besten probieren Sie die Programme aus, die ich Ihnen vorgestellt habe, und schauen sich auch die Firmen genauer an, die aktuell am Metaverse,

Web 3.0 und an Kryptowährungen arbeiten. Sie können sich außerdem auch gern die Präsentation von Mark Zuckerberg anschauen, in welcher er selbst das Metaverse, wie er es sich vorstellt, noch mal genauer beschreibt.

Herstellung und Verlag:

BoD – Books on Demand, Norderstedt

ISBN: 9783756219858

© Paul Tashew 2022

1. Auflage

Kontakt: Psiana eCom UG/ Berumer Str. 44/ 26844 Jemgum

Covergestaltung: Fenna Larsson

Coverfoto: depositphotos.com